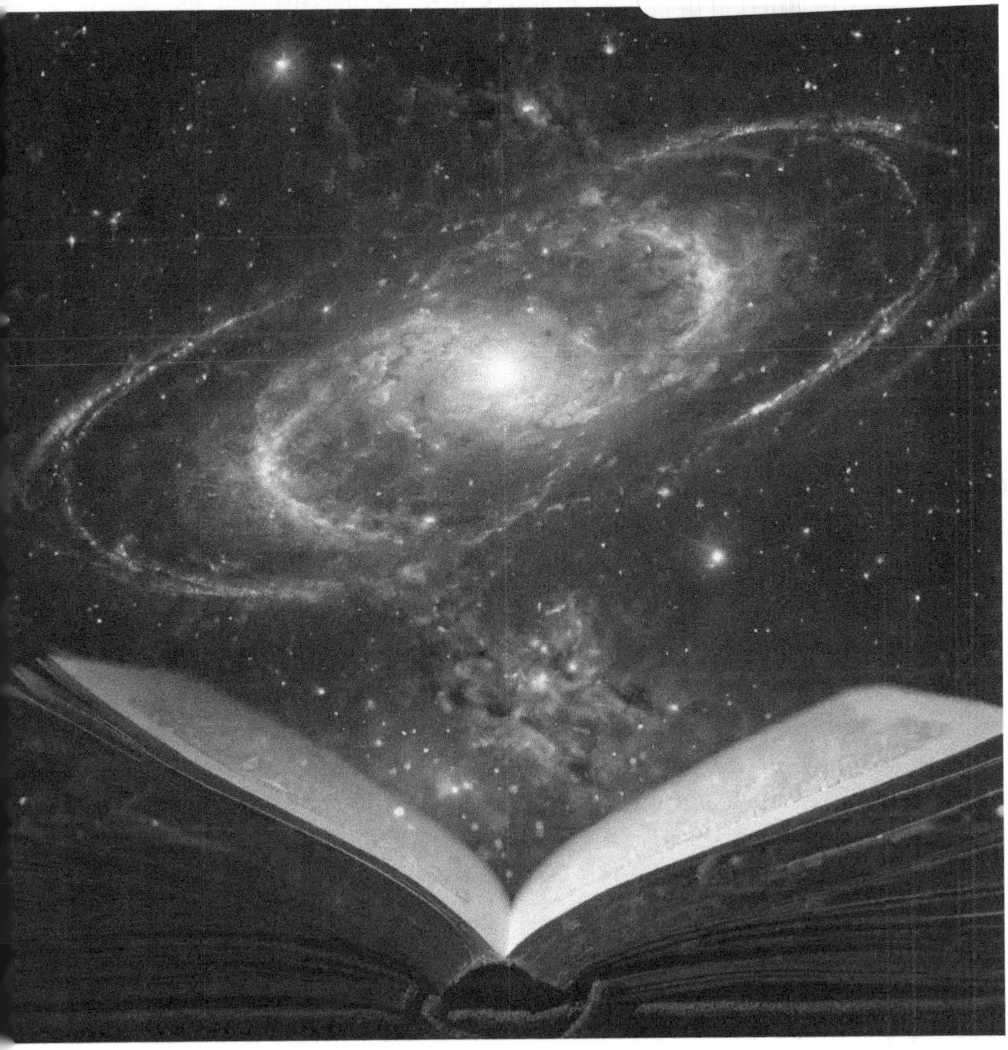

LA PHILOSOPHIE PERENNELLE

Et la compréhension de la force cosmique divine universelle

Author: Muriel Fernandes – The Alchemist of the Future ⚡

INDEXE

INTRODUCTION

La Philosophie Perène et la Compréhension de la Force Cosmique Divine Universelle

Bienvenue dans cette magnifique œuvre qui a pour but d'explorer les mystères et merveilles de la vie, de la conscience et de la spiritualité. Dans cet espace, nous entreprendrons un voyage de découverte et de réflexion, approfondissant des thèmes profonds et intemporels qui ont fasciné l'humanité à travers les siècles.

Dans les pages qui suivent, nous approfondirons la Philosophie Perène, une perspective large qui transcende les frontières des traditions religieuses et culturelles spécifiques, cherchant à trouver les points de convergence entre elles. En explorant la Philosophie Perène, nous ouvrons nos esprits à une vision plus inclusive et compréhensive, nous invitant à contempler l'unité fondamentale de l'existence et à développer une compréhension plus profonde de nous-mêmes et du monde qui nous entoure.

Dans ce chemin, nous plongerons dans un riche univers d'idées et de concepts, inspirés par des maîtres spirituels, des philosophes et des penseurs visionnaires. Nous explorerons les œuvres d'auteurs renommés tels qu'Allan Watts, Rupert Spira, Martin Heidegger, Deepak Chopra, Jiddu Krishnamurti et d'autres, dont les perspectives nous guideront dans notre quête de sagesse, d'autodécouverte et de transformation.

Au fur et à mesure que nous avancerons, nous aborderons des thèmes tels que la nature de la conscience, l'éveil spirituel, l'éthique et la responsabilité universelle, l'auto-réalisation, les traditions spirituelles et les maîtres éclairés. Nous n'explorerons pas seulement des concepts théoriques, mais aussi leur application pratique dans la vie quotidienne, fournissant des pratiques et des réflexions pour aider à intégrer ces enseignements dans nos vies quotidiennes.

En s'engageant avec cette œuvre, le lecteur sera invité à élargir sa vision du monde, à défier des paradigmes et des croyances limitantes, et à approfondir sa quête d'une compréhension plus profonde de l'existence.

Vous découvrirez qu'en dépit des approches et des traditions distinctes, il existe une essence commune qui imprègne toutes les manifestations de la sagesse humaine.

Cette œuvre invite à l'éveil de la conscience, à la transcendance des limites de l'esprit conditionné et à l'expérience d'une vie pleine de sens, d'authenticité et de connexion.

C'est un voyage vers la découverte de notre vraie essence et la pleine expression de notre potentiel humain.

Nous espérons que ce livre inspirera et enrichira votre voyage spirituel, vous aidant à trouver des réponses, à approfondir des questions et à vous éveiller à la beauté et au mystère de la vie.

Que cette œuvre soit une lumière guide sur votre chemin, vous menant dans la quête de la vérité et de l'auto-réalisation.

Préparez-vous à une aventure intellectuelle, émotionnelle et spirituelle, où nous dévoilerons des secrets ancestraux et explorerons les profondeurs de l'expérience humaine. Restez ouvert et réceptif aux merveilles qui sont sur le point de se déployer devant vos yeux.

"Tout au long de l'histoire humaine, des penseurs audacieux ont osé explorer les mystères de l'existence et de la conscience. Leurs réflexions ont traversé des siècles et des continents, convergeant vers une connaissance profonde et intemporelle qui transcende les frontières des cultures et des religions.

C'est dans ce domaine universel et transcendant que nous trouvons l'essence de la Philosophie Perène.

Dans ce livre, nous explorerons la sagesse éternelle de la Philosophie Perène dans le but de comprendre la force cosmique divine universelle qui imprègne toute existence. Inspirés par les enseignements d'Aldous Huxley, l'un des grands exponentiels de cette philosophie, nous nous embarquerons dans un voyage vers une compréhension plus profonde de la nature de l'être et du monde qui nous entoure.

Aldous Huxley, un écrivain et penseur renommé du XXe siècle, a laissé un héritage significatif avec son ouvrage "La Philosophie Perène".

Dans ce livre, Huxley a mené une recherche exhaustive des traditions philosophiques, mystiques et spirituelles de différentes époques et civilisations. Il nous invite à considérer une vision intégrative de l'univers, où la conscience individuelle et la réalité cosmique dansent en harmonie.

En nous immergeant dans les écrits de Huxley et les idées qui émergent de la Philosophie Perène, nous trouvons la compréhension que la force cosmique divine universelle est un principe fondamental et intrinsèque de toutes choses. C'est la source primordiale qui propulse la création, soutient l'existence et transcende tout concept limité de divinité.

À travers une exploration méticuleuse, nous aborderons les thèmes centraux de cette philosophie, tels que l'unité de l'existence, la recherche de la vérité, la connexion entre l'esprit et la matière, la nature de la conscience et l'éveil spirituel. Nous rechercherons des perceptions profondes qui nous aideront à intégrer ces perspectives dans notre propre chemin d'autoconnaissance et d'expansion de la conscience.

En approfondissant notre compréhension de la force cosmique divine universelle, nous découvrons qu'elle ne se limite pas à une seule tradition philosophique ou religieuse.

Elle transcende les différences apparentes et embrasse la diversité de l'expérience humaine. Elle nous appelle à reconnaître notre interconnexion avec tous les êtres et à embrasser un sens d'unité et d'harmonie qui va au-delà des divisions artificielles que nous créons.

Que ce voyage soit une source d'inspiration et d'apprentissage, une opportunité d'explorer le profond tissu de l'être et du cosmos.

À mesure que nous continuons cette exploration, que vous trouviez clarté, sagesse et une profonde connexion avec l'immense univers qui vous entoure."

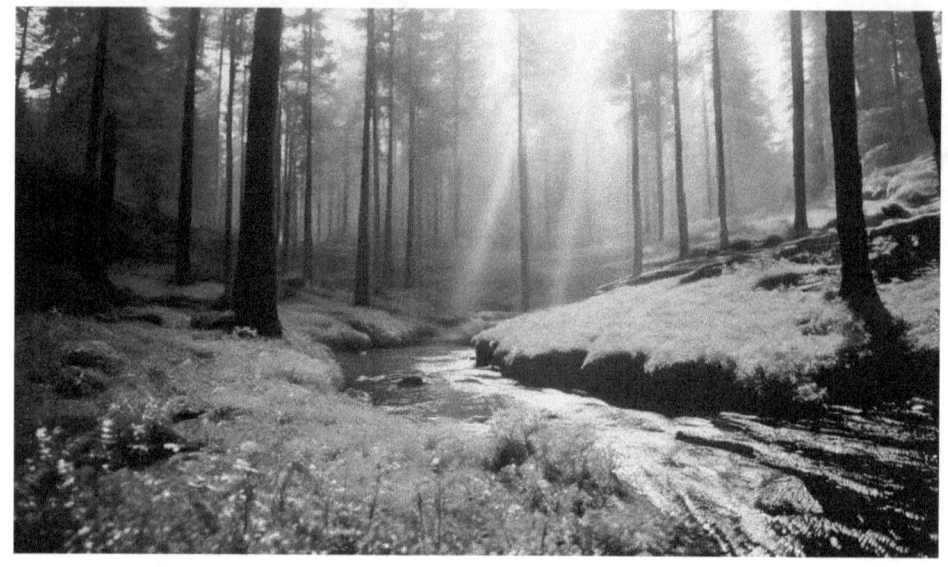

Chapitre 1

"La Philosophie Perène" d'Aldous Huxley –
Une Introduction à la Sagesse Intemporelle
Bienvenue au Chapitre 1, où nous explorerons "La Philosophie Perène" d'Aldous Huxley, une exploration de la sagesse éternelle présente dans les traditions philosophiques, religieuses et mystiques du monde entier. Huxley soutient que cette sagesse englobe des vérités universelles qui sont aussi pertinentes aujourd'hui qu'elles l'étaient pour les générations passées.

Dans cette œuvre, Huxley souligne que la Philosophie Perène repose sur la compréhension que la conscience humaine peut transcender le monde matériel et faire l'expérience de la réalité divine. Il soutient que cette perspective transcendante est partagée par plusieurs traditions religieuses et philosophiques, notamment l'hindouisme, le bouddhisme, le taoïsme et le christianisme mystique.

Huxley affirme également que la Philosophie Perène représente une connaissance fondée sur une vision holistique de la réalité. Au lieu de fragmenter le monde, elle cherche à comprendre la réalité comme un tout intégré. Cette approche révèle des vérités profondes sur la nature de l'existence et de la conscience humaine.

Pour Huxley, la Philosophie Perène sert d'antidote à la fragmentation de la vie moderne. Il croit que comprendre cette sagesse peut unifier le savoir fragmenté et inspirer une nouvelle vision du monde intégrée et significative. De plus, il soutient que la Philosophie Perène est pertinente pour aborder les défis mondiaux contemporains, tels que la dégradation de l'environnement et la violence entre individus.

Tout au long de ce voyage, nous explorerons les idées clés de "La Philosophie Perène" d'Aldous Huxley et sa contribution à la compréhension de la force cosmique divine universelle.

Chaque chapitre nous guidera à travers des thèmes tels que la nature de la réalité, l'unité de l'existence, la nature de la conscience et l'éveil spirituel. À travers ces thèmes, nous rechercherons des perceptions profondes pour intégrer ces perspectives dans notre propre quête d'autoconnaissance et d'expansion de la conscience.

Partie 1 : À la Recherche de l'Unité de l'Existence
Dans cette première section du Chapitre 1, nous explorerons la vision d'Aldous Huxley sur la recherche de l'unité de l'existence. Huxley soutient que les traditions philosophiques et religieuses du monde entier ont signalé une réalité sous-jacente qui connecte toutes les choses. Il explore des concepts tels que l'interconnexion entre l'esprit et la matière, la nature holographique de l'univers et la conscience comme un phénomène universel. En examinant ces idées, nous commencerons à entrevoir une compréhension plus profonde de la force cosmique divine universelle.

Partie 2 : Le Voyage Intérieur et l'Éveil Spirituel
Dans la deuxième partie du Chapitre 1, nous plongerons dans le voyage intérieur et l'éveil spirituel proposés par Aldous Huxley. Il souligne l'importance de l'expérience directe et personnelle dans la quête de compréhension de la force cosmique divine universelle. Huxley explore des pratiques d'autoconnaissance, de contemplation et de méditation comme des chemins pour transcender l'illusion de la séparation et éveiller à la véritable nature de la réalité.
Nous aborderons les étapes de ce voyage intérieur et comment il nous conduit à une perception élargie et à une connexion avec la force cosmique divine universelle.

**Partie 3 : La Pertinence de la Philosophie Perène dans les Temps

Modernes**

Dans la troisième partie du Chapitre 1, nous examinerons la pertinence de la Philosophie Perène dans les temps modernes, telle que présentée par Aldous Huxley. Il soutient que dans un monde de plus en plus fragmenté et déséquilibré, comprendre la sagesse perène peut donner lieu à une nouvelle vision du monde intégrée et significative.

Nous discuterons de la manière dont les principes de la Philosophie Perène peuvent aider à relever les défis mondiaux auxquels l'humanité est confrontée, tels que la crise environnementale, le manque de sens et la déconnexion entre les personnes. Nous explorerons comment la compréhension de la force cosmique divine universelle peut inspirer des actions transformatrices vers un monde plus harmonieux et équilibré.

LA RECHERCHE DE L'UNITÉ DE L'EXISTENCE

Dans cette première partie du Chapitre 1, nous nous plongerons dans la perspective d'Aldous Huxley sur la recherche de l'unité de l'existence. Huxley soutient qu'au fur et à mesure que nous explorons les traditions philosophiques et religieuses du monde entier, nous remarquons un consensus sur l'existence d'une réalité sous-jacente qui connecte toutes les choses. Cette recherche d'unité ne se limite pas à une seule culture ou croyance ; elle transcende les frontières géographiques et historiques et est fondamentalement humaine.

Depuis les temps anciens, des philosophes, des mystiques et des penseurs se sont consacrés à comprendre la nature de cette réalité sous-jacente. Huxley souligne que diverses traditions, telles que l'hindouisme, le bouddhisme, le taoïsme et le christianisme mystique, ont abordé cette recherche de différentes manières, utilisant des terminologies et des symboles distincts, mais visant la même essence.

Cette recherche de l'unité de l'existence n'est pas simplement une spéculation intellectuelle, mais plutôt un voyage intérieur qui implique une expérience directe et une transformation personnelle.

Huxley soutient que les êtres humains ont la capacité de transcender la réalité superficielle et d'atteindre un niveau plus profond de conscience, où l'interconnexion entre l'esprit et la matière devient claire et évidente.

Pour Huxley, la vision du monde fragmentée et dualiste qui prédomine dans la société moderne est l'une des principales barrières à la perception de l'unité. Nous croyons souvent à tort que nous sommes des êtres isolés, déconnectés les uns des autres et de la nature qui nous entoure. Cependant, il nous rappelle qu'en essence, nous faisons partie d'un tout interconnecté, et percevoir cette unité est crucial pour comprendre la force cosmique divine universelle.

Huxley mentionne également la nature holographique de l'univers, un concept qui suggère que chaque partie contient la totalité. Tout comme dans un hologramme, où chaque fragment possède l'image complète, la réalité est également composée de nombreuses manifestations individuelles qui reflètent la totalité de l'univers. Cette perspective nous invite à reconnaître l'unité sous-jacente dans toutes les choses et à comprendre que chaque être humain est un microcosme du cosmos.

Dans la recherche de l'unité de l'existence, Huxley nous encourage à transcender les limitations de la perception sensorielle et de la pensée dualiste, en élargissant notre conscience pour englober une réalité plus vaste.

Cette recherche nécessite une ouverture à diverses perspectives, de dépasser les préjugés et d'être disposé à questionner les croyances et les cadres conceptuels établis.
À mesure que nous approfondissons cette recherche d'unité, nous réalisons que la réalité ne peut pas être complètement comprise uniquement à travers la rationalité. Une approche plus large est nécessaire, qui inclut l'intuition, la contemplation et l'expérience directe.

LE VOYAGE INTÉRIEUR ET L'ÉVEIL SPIRITUEL
Dans la deuxième partie du Chapitre 1, nous explorerons la vision d'Aldous Huxley sur le voyage intérieur et l'éveil spirituel comme moyens de comprendre la force cosmique divine universelle.
Huxley souligne l'importance de l'expérience directe et personnelle dans ce processus, reconnaissant que la connaissance intellectuelle à elle seule est insuffisante pour saisir la réalité sous-jacente.

Huxley soutient que l'éveil spirituel et le voyage intérieur sont essentiels pour transcender l'illusion de séparation et éveiller à la véritable nature de l'existence. Il suggère que ce voyage implique d'explorer des états élargis de conscience à travers des pratiques de méditation, de contemplation et d'autoconnaissance.

En nous engageant dans le voyage intérieur, nous devons cultiver une disposition à aller au-delà des limites de l'esprit rationnel et explorer les dimensions plus profondes de la conscience. Huxley propose qu'à travers l'introspection et l'autoréflexion, nous pouvons développer une conscience plus complète de nos pensées, émotions et schémas de comportement. En prenant conscience de notre conditionnement et de nos limitations, nous créons de l'espace pour la croissance et la transformation.

Huxley souligne également que l'éveil spirituel ne se limite pas à une seule tradition religieuse ou à une spiritualité conventionnelle. Il met en avant que la quête de la vérité et la compréhension de la force cosmique divine universelle transcendent les frontières religieuses et culturelles, étant accessibles à tous les chercheurs sincères, indépendamment de leur affiliation religieuse ou philosophique.

À travers des pratiques telles que la méditation, Huxley suggère que nous pouvons apaiser l'esprit, créer de l'espace pour l'intuition et accéder à un état élevé de conscience. Dans cet état, nous pouvons expérimenter un profond sens de connexion avec l'univers et la force cosmique divine universelle.
La méditation nous permet de transcender la pensée conceptuelle et d'entrer en contact direct avec l'essence divine qui imprègne toute existence.

De plus, Huxley souligne que l'éveil spirituel implique non seulement des expériences individuelles, mais qu'il a également une dimension collective. Il soutient qu'à mesure que nous nous connectons à notre propre essence spirituelle, nous devenons également plus conscients de notre interconnexion avec tous les êtres vivants et le monde qui nous entoure.

Cette conscience élargie nous inspire à agir avec compassion, empathie et soin envers les autres et l'environnement.

Dans le voyage du voyage intérieur et de l'éveil spirituel, des défis et des obstacles peuvent surgir, mais nous pouvons également découvrir un profond sens de but et de signification.

C'est un voyage qui nécessite dévouement, discipline et un engagement sincère envers l'autoconnaissance et l'expansion de la conscience. À travers cette quête, nous pouvons atteindre une compréhension plus profonde de la force cosmique divine universelle et de notre propre conscience.

LA PERTINENCE DE LA PHILOSOPHIE PERÈNE À L'ÉPOQUE MODERNE

Dans la troisième partie du Chapitre 1, nous explorerons la vision d'Aldous Huxley sur la pertinence contemporaine de la Philosophie Perène. Huxley soutient que dans un monde caractérisé par la fragmentation, le déséquilibre et le manque de sens, comprendre la sagesse perène peut jouer un rôle crucial dans la recherche d'une nouvelle vision du monde intégrée et significative.

À l'époque moderne, la société est confrontée à une série de défis complexes, tels que la crise environnementale, la polarisation sociale, l'aliénation et le manque de but.
Huxley suggère que la Philosophie Perène, en abordant l'existence d'une réalité sous-jacente qui connecte toutes les choses, peut nous fournir un cadre conceptuel et spirituel pour aborder ces problèmes de manière plus intégrale et profonde.

Une des contributions les plus importantes de la Philosophie Perène est l'accent mis sur l'interconnexion de toutes les choses. Cette perspective nous rappelle que nous ne sommes pas des entités séparées et isolées, mais des parties intégrales d'un tout plus grand. En reconnaissant notre connexion intrinsèque avec le monde naturel et avec d'autres êtres humains, nous pouvons développer une plus grande compassion, un respect et une responsabilité envers l'environnement et la société.

De plus, la Philosophie Perène nous invite à transcender les divisions et dualités qui imprègnent la société moderne. Huxley soutient que la séparation entre l'esprit et le corps, la science et la spiritualité, la raison et l'émotion a conduit à un déséquilibre et à une vision limitée de la réalité. En adoptant une perspective plus holistique, reconnaissant l'interdépendance et la connexion entre ces aspects, nous pouvons développer une vision du monde plus intégrée et complète.

La quête de compréhension de la force cosmique divine universelle, comme le propose la Philosophie Perène, offre également un antidote à l'aliénation et au manque de but que beaucoup de personnes expérimentent dans les temps modernes.
En reconnaissant que nous faisons partie de quelque chose de plus grand et que notre existence a un sens plus profond, nous pouvons trouver un nouvel objectif dans notre vie quotidienne.

Huxley souligne que la pertinence de la Philosophie Perène à l'époque moderne s'étend au-delà de la sphère personnelle ; elle a également des implications sociales et mondiales. En reconnaissant notre interconnexion et notre responsabilité en tant qu'êtres humains, nous nous sentons inspirés à agir pour le bien-être collectif et l'équilibre écologique. Cette compréhension peut fournir une base éthique pour aborder des problèmes mondiaux urgents, tels que la crise climatique, l'inégalité sociale et la recherche d'une société plus juste et durable.

Dans le Chapitre 1, nous avons exploré l'œuvre d'Aldous Huxley, "La Philosophie Perène", qui nous invite à rechercher une compréhension de la force cosmique divine universelle. Divisé en trois parties, le chapitre a abordé la recherche de l'unité de l'existence, le voyage intérieur et l'éveil spirituel, et la pertinence de la Philosophie Perène à l'époque moderne.

À travers la perspective de Huxley, nous apprenons que différentes traditions philosophiques et religieuses pointent vers l'existence d'une réalité sous-jacente qui connecte toutes les choses. Cette quête d'unité n'est pas limitée par des frontières géographiques ou culturelles, mais est intrinsèquement humaine. Huxley nous invite à transcender la vision fragmentée et dualiste du monde, en reconnaissant notre interconnexion et notre participation à un tout plus grand.

Ensuite, nous avons exploré l'importance du chemin intérieur et de l'éveil spirituel. Huxley souligne que l'expérience directe et personnelle est fondamentale pour comprendre la force cosmique divine universelle. Il nous encourage à cultiver l'introspection, la méditation et l'autoconnaissance comme des chemins pour transcender les limites de l'esprit rationnel et nous connecter à une conscience supérieure.

Enfin, nous avons réfléchi sur la pertinence de la Philosophie Perène à l'époque moderne. À une époque marquée par la fragmentation, le déséquilibre et le manque de sens, comprendre la sagesse perène peut nous offrir une nouvelle vision intégrée et significative du monde. Elle nous invite à reconnaître notre interdépendance avec le monde naturel et avec d'autres êtres humains, à surmonter les divisions et dualités, et à trouver un sens plus profond dans nos vies.

Le Chapitre 1 nous a fourni une immersion initiale dans ce voyage de compréhension de la force cosmique divine universelle. Il nous invite à élargir notre conscience, à explorer l'unité de l'existence et à rechercher l'éveil spirituel.

La Philosophie Perène, telle que présentée par Aldous Huxley, offre un chemin riche et diversifié pour explorer ces questions fondamentales de l'existence humaine.
À mesure que nous avançons vers les chapitres suivants, nous serons guidés par une quête de plus en plus profonde et exhaustive.

Nous continuerons à explorer les œuvres et les idées de Huxley, élargissant notre compréhension de la Philosophie Perène et de la force cosmique divine universelle, recherchant un sens et une connexion plus grands dans nos vies.

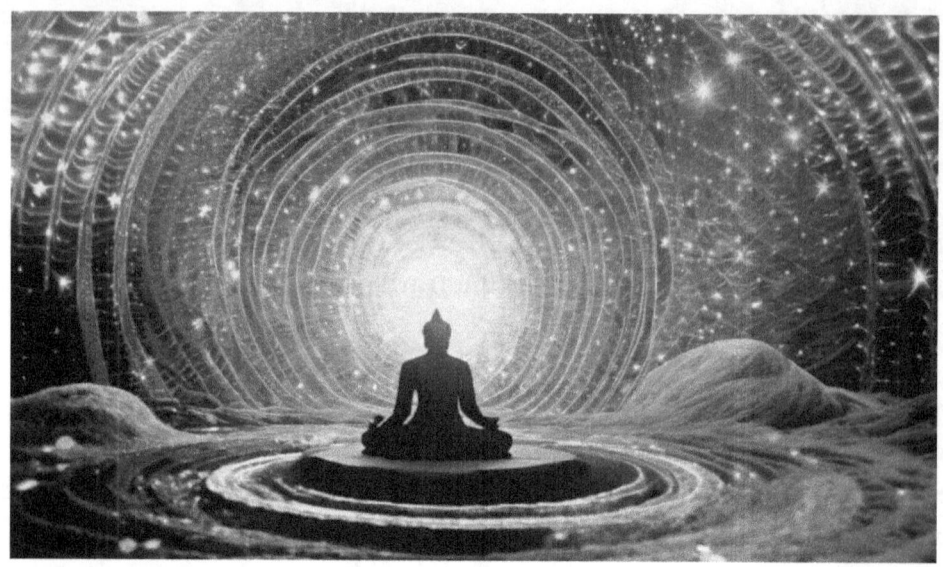

CHAPITRE 2 : L'UNITÉ DE L'EXISTENCE

Dans ce chapitre, nous explorerons la recherche de l'unité de l'existence, un thème central abordé par Deepak Chopra dans ses œuvres. Nous examinerons comment diverses traditions philosophiques et religieuses pointent vers l'existence d'une réalité sous-jacente qui connecte toutes les choses.

Deepak Chopra, médecin et écrivain de renom, adopte une approche holistique qui unit spiritualité et science. Il explore l'idée que toutes les formes de vie sont interconnectées et qu'il existe une unité fondamentale qui imprègne l'univers.

Chopra souligne que cette recherche d'unité n'est pas exclusive à une seule tradition, mais est partagée par diverses philosophies et religions à travers le monde.

En examinant les traditions philosophiques, nous trouvons le concept de "Brahman" dans l'hindouisme, qui représente la réalité suprême, le principe divin qui imprègne toutes choses. Dans le bouddhisme, nous rencontrons la notion d'"interdépendance" et la compréhension que tous les êtres sont connectés dans un réseau de relations.

Le taoïsme chinois parle du "Chemin" ou "Tao", qui est l'essence sous-jacente qui unit tous les phénomènes de l'univers.

De plus, diverses traditions religieuses, telles que le christianisme, l'islam et le judaïsme, mettent l'accent sur l'unité de Dieu comme source primordiale de tout ce qui existe. Ces religions soulignent l'idée que l'humanité et la nature sont interconnectées par la création divine.

Chopra soutient que bien que les traditions philosophiques et religieuses puissent avoir des noms et des approches différents, elles pointent toutes vers la même vérité fondamentale : l'existence d'une unité sous-jacente dans la réalité.

Cette unité transcende les frontières culturelles et géographiques, nous invitant à regarder au-delà des apparences superficielles et à reconnaître la connexion essentielle que nous partageons avec tout ce qui nous entoure.

La recherche de l'unité de l'existence a également des implications pratiques dans nos vies quotidiennes. Lorsque nous comprenons que nous sommes interconnectés et que nos actions affectent le monde qui nous entoure, nous sommes encouragés à cultiver des valeurs telles que l'empathie, la compassion et le respect.

La compréhension de l'unité nous invite à traiter nous-mêmes, les autres et l'environnement avec soin et responsabilité.

Dans cette recherche d'unité, il est important de se rappeler qu'il ne s'agit pas seulement d'une notion intellectuelle, mais d'une expérience personnelle et directe. Deepak Chopra souligne l'importance de pratiquer la méditation, la réflexion intérieure et le développement de la conscience pour se connecter à l'unité sous-jacente de l'existence.

En explorant les œuvres de Deepak Chopra, nous pouvons approfondir notre compréhension de la recherche de l'unité de l'existence et apprécier comment différentes traditions philosophiques et religieuses convergent vers cette compréhension essentielle.

Une œuvre de Deepak Chopra qui mérite d'être mentionnée et explorée dans ce chapitre est "Le Point de Bascule". Publié en 1987, le livre aborde la relation entre spiritualité, science et transformation personnelle.

Dans "Le Point de Bascule", Chopra explore l'idée que nous vivons un moment crucial de changement de paradigme, où des concepts auparavant séparés, tels que l'esprit et le corps, la spiritualité et la science, commencent à converger.

Il soutient que nous nous dirigeons vers une compréhension plus holistique et intégrée du monde.

Dans cette œuvre, Chopra présente une vision unificatrice de l'existence, mettant en lumière l'interconnexion entre tous les niveaux de la réalité, du niveau subatomique au niveau cosmique.

Il explore comment la physique quantique, la biologie évolutive et la spiritualité s'entrelacent, suggérant qu'il existe une intelligence sous-jacente dans l'univers qui peut être accessible et comprise par l'expansion de la conscience.

En nous plongeant dans "Le Point de Bascule", les lecteurs sont invités à réfléchir à leur propre voyage intérieur, cherchant une compréhension plus profonde de l'unité de l'existence.

Le livre offre des idées pratiques et des exercices pour élargir la conscience, aidant à explorer la nature de la réalité et à découvrir un sens plus grand et une connexion.

En explorant les concepts présentés dans "Le Point de Bascule", nous pouvons enrichir le chapitre sur la recherche de l'unité de l'existence, fournissant une perspective plus large sur la façon dont différentes traditions philosophiques et religieuses s'alignent avec cette compréhension holistique.

Le travail de Deepak Chopra nous invite à transcender les divisions apparentes et à explorer la nature essentiellement unifiée de l'existence.

Dans "Le Point de Bascule", Deepak Chopra présente un thème fascinant : l'idée que nous vivons un moment crucial de changement de paradigme, où des concepts auparavant considérés comme séparés commencent à converger.

Chopra soutient que nous assistons à un mouvement vers une

compréhension plus holistique et intégrée du monde, dans lequel l'esprit et le corps, la spiritualité et la science s'entrelacent dans une nouvelle vision de la réalité.

Traditionnellement, l'esprit et le corps étaient considérés comme des entités distinctes, la science se concentrant sur l'analyse des aspects physiques et la spiritualité explorant le domaine de l'esprit et de la conscience.

Cependant, dans "Le Point de Bascule", Chopra nous invite à transcender ces divisions apparentes et à reconnaître l'interconnexion entre tous les aspects de l'existence.

L'auteur suggère que nous nous dirigeons vers une compréhension plus complète de la réalité, dans laquelle la spiritualité et la science ne sont plus vues comme des domaines séparés et opposés, mais comme des aspects complémentaires de la même recherche de vérité.

Cette approche intégrative nous invite à explorer la relation entre l'esprit et le corps, la conscience et la matière, et à considérer comment ces aspects sont intrinsèquement interconnectés.

En soulignant ce changement de paradigme, Chopra nous défie de repenser nos conceptions limitées de la réalité et de considérer de nouvelles possibilités.

Il soutient que cette convergence entre spiritualité et science est essentielle pour relever les défis complexes auxquels l'humanité est confrontée aujourd'hui, des problèmes de santé et de bien-être aux préoccupations environnementales et sociales.

En explorant les idées présentées dans "Le Point de Bascule", nous pouvons élargir notre compréhension du monde et adopter une vision plus holistique et intégrée de l'existence.

Cette perspective nous invite à transcender les limitations des anciens paradigmes et à embrasser l'interconnexion entre tous les aspects de la vie.

À mesure que nous nous plongeons dans ce voyage de découverte, nous pouvons ouvrir un espace pour une nouvelle compréhension et une transformation personnelle, embrassant une vision du monde plus large et plus unifiée.

LA CONVERGENCE ENTRE LA SPIRITUALITÉ ET LA SCIENCE

Dans cette première partie du livre, nous allons nous plonger dans un thème fascinant et actuel : la convergence entre la spiritualité et la science. Traditionnellement considérés comme des domaines séparés, la spiritualité et la science se rapprochent de plus en plus, révélant une compréhension plus profonde et plus intégrée de la nature de la réalité. L'un des piliers de cette convergence est la physique quantique, une branche de la science qui étudie le comportement des particules subatomiques.

La physique quantique a révélé des découvertes surprenantes qui remettent en question nos conceptions traditionnelles de la réalité et éclairent des principes spirituels anciens. Elle démontre que la matière, à son niveau le plus fondamental, est composée de particules qui se comportent de manière non linéaire et interconnectée.

Cela nous amène à remettre en question la vision mécaniste et matérialiste du monde, ouvrant la porte à une compréhension plus holistique. Dans ce contexte, la convergence entre spiritualité et science devient évidente. Les principes spirituels, longtemps considérés comme des questions de croyance ou de foi personnelle, résonnent avec les découvertes scientifiques.

L'interconnexion entre l'esprit et la matière, par exemple, est largement discutée tant dans la spiritualité que dans la physique quantique. La conscience, autrefois considérée comme un phénomène exclusivement subjectif, devient un objet d'investigation scientifique, révélant son influence sur la réalité physique.

Alors que nous explorons cette convergence, nous sommes invités à repenser nos conceptions limitées de la réalité. La vision réductionniste d'un univers fragmenté et mécaniste cède la place à une vision plus large, où la spiritualité fournit un cadre conceptuel pour comprendre la complexité et l'interconnexion de l'existence.

En ce sens, la spiritualité ne s'oppose pas à la science, mais offre un complément précieux, élargissant notre compréhension et fournissant une vision plus significative du monde.

Cette convergence entre spiritualité et science a des implications profondes pour nos vies quotidiennes. Elle nous invite à adopter une approche plus intégrée et holistique qui transcende la dichotomie entre le matériel et le spirituel.

En reconnaissant l'interconnexion entre l'esprit et la matière, nous pouvons cultiver une plus grande conscience de la façon dont nos pensées, émotions et intentions influencent notre réalité. Cela nous permet de jouer un rôle actif dans notre propre transformation et dans le bien-être du monde qui nous entoure.

Alors que nous nous immergeons dans ce sujet, le lecteur est invité à explorer la convergence entre la spiritualité et la science, en examinant comment les principes spirituels peuvent fournir une compréhension plus large et plus significative du monde, complétant les découvertes scientifiques.

L'EXPLORATION DE LA CONSCIENCE ET DE LA TRANSFORMATION PERSONNELLE

Dans la deuxième partie de ce livre, nous allons nous plonger dans l'exploration de la conscience et la quête de transformation personnelle, basée sur la perspective présentée par Deepak Chopra dans son ouvrage "Le Point de Bascule".

Dans cette œuvre, Chopra nous invite à entreprendre un voyage d'autoconnaissance et d'expansion de conscience, explorant comment la transformation personnelle peut nous mener à un nouveau niveau de compréhension et d'épanouissement.

Chopra souligne que le point de bascule est le moment où nous transcendons nos limitations et nous connectons à une réalité plus large. Il soutient qu'en explorant notre conscience, nous pouvons franchir les barrières d'une perception limitée et nous connecter à l'essence divine qui réside en nous.

Un des outils clés pour cette exploration est la méditation. À travers la pratique méditative, nous sommes invités à apaiser l'esprit et à nous tourner vers l'intérieur, créant de l'espace pour une connexion plus profonde avec notre être intérieur. La méditation nous permet de transcender le bruit mental et d'accéder à un état élargi de conscience, où nous pouvons éprouver une profonde paix, clarté et connexion à quelque chose de plus grand que nous.

Une autre approche importante dans la transformation personnelle est l'incorporation de la pleine conscience dans tous les domaines de notre vie. La pleine conscience implique d'être pleinement présent dans l'instant, avec une attitude d'acceptation et d'attention totale.

En apportant cette pleine conscience dans nos activités quotidiennes, nous cultivons une plus grande awareness et appréciation des détails subtils de la vie, améliorant notre connexion avec le moment présent et notre être intérieur.

De plus, Chopra souligne l'importance de l'autoréflexion et du questionnement profond pour la transformation personnelle. En interrogeant nos croyances, valeurs et schémas de pensée, nous pouvons identifier et libérer ce qui ne nous sert plus, faisant place à de nouvelles perspectives et possibilités.

À travers ce processus d'autoréflexion, nous pouvons découvrir notre but dans la vie et aligner nos actions avec nos valeurs les plus élevées.

Alors que nous approfondissons ce sujet, nous sommes invités à explorer les pratiques de méditation, de pleine conscience et d'autoréflexion comme outils pour explorer la conscience et la transformation personnelle.

Ces pratiques nous permettent de transcender les limites de l'ego et d'accéder à des niveaux plus profonds de compréhension et d'épanouissement. En nous ouvrant à ce voyage d'autodécouverte et d'expansion de la conscience, nous sommes habilités à vivre des vies plus authentiques et significatives, alignées avec notre véritable essence divine.

APPLIQUER UNE VISION HOLISTIQUE DANS LA SOCIÉTÉ ET LE MONDE

Dans la troisième partie de ce livre, nous approfondirons la discussion sur l'application d'une vision holistique dans le contexte de la société et du monde en général, basée sur les idées présentées par Deepak Chopra dans "Le Point de Bascule". Dans cette section, nous explorerons comment une compréhension plus intégrée de la réalité peut avoir un impact significatif sur divers domaines de la vie humaine et les défis mondiaux auxquels nous sommes actuellement confrontés.

Chopra souligne que la vision holistique reconnaît l'interconnexion entre tous les aspects de l'existence et nous conduit à adopter une approche plus complète et interdisciplinaire pour comprendre et aborder les problèmes sociaux.

Au lieu de traiter chaque problème isolément, la vision holistique nous invite à reconnaître les multiples facteurs et les relations complexes présentes dans toutes les sphères de la vie.

Un domaine où cette approche peut avoir un impact transformateur est la santé. La vision holistique considère la personne dans son ensemble, reconnaissant l'interaction entre le corps, l'esprit et l'âme.

Elle valorise non seulement le traitement des maladies, mais aussi la promotion du bien-être et de la prévention à travers des pratiques intégratives et complémentaires, telles que la médecine traditionnelle chinoise, la médecine ayurvédique et la pratique de la méditation et des soins personnels.

Cette approche holistique cherche à restaurer l'équilibre et l'harmonie à tous les niveaux de l'être humain, promouvant une santé intégrale et durable.

De plus, la vision holistique a des implications significatives dans le domaine de l'éducation. Elle reconnaît l'importance de cultiver non seulement le savoir intellectuel, mais aussi le développement émotionnel, social et spirituel des individus.

L'éducation holistique vise à créer un environnement d'apprentissage qui favorise la créativité, la collaboration, l'empathie et la conscience globale. Elle encourage les étudiants à se connecter à leur propre essence et à trouver un sens et un but dans leur vie, les habilitant à devenir des agents de transformation dans la société.

Dans le domaine économique, la vision holistique nous conduit à repenser les modèles traditionnels de croissance et de développement.

Elle nous défie d'adopter une approche plus durable, en tenant compte non seulement des aspects financiers, mais aussi des impacts sociaux et environnementaux de nos actions.

L'économie holistique cherche à intégrer la prospérité matérielle avec la préservation de l'environnement, l'équité sociale et le bien-être collectif. Elle promeut une conscience d'interdépendance et de responsabilité mutuelle, cherchant des solutions qui bénéficient non seulement à quelques individus ou groupes, mais à l'ensemble de la communauté mondiale.

De plus, la vision holistique influence nos relations humaines, nous encourageant à adopter une approche compassionnelle et collaborative basée sur le respect mutuel.

Dans ce chapitre, nous explorons l'application de la vision holistique dans le contexte de la société et du monde, basée sur les idées présentées par Deepak Chopra dans "Le Point de Bascule".

En adoptant une approche intégrée et interconnectée, nous pouvons promouvoir des changements significatifs dans divers domaines, tels que la santé, l'éducation, l'économie, l'environnement et les relations humaines.

La vision holistique nous invite à aller au-delà des approches fragmentées et étroites, reconnaissant les relations complexes et les interdépendances qui imprègnent toutes les sphères de la vie. En intégrant différentes perspectives et disciplines, nous sommes capables de développer des solutions plus complètes et durables aux défis mondiaux auxquels nous sommes confrontés.

Dans le domaine de la santé, l'approche holistique considère non seulement la guérison des maladies, mais aussi la promotion du bien-être et de la prévention, englobant le corps, l'esprit et l'âme.

Dans le domaine de l'éducation, la vision holistique cherche à développer non seulement le savoir intellectuel, mais aussi les compétences émotionnelles, sociales et spirituelles, habilitant les étudiants à devenir des agents de transformation dans la société.

Dans le domaine économique, l'économie holistique nous conduit à repenser les modèles de croissance traditionnels, cherchant une approche durable qui prend en compte les impacts sociaux et environnementaux.

Enfin, dans les relations humaines, la vision holistique nous invite à cultiver la compassion, la collaboration et le respect mutuel, reconnaissant l'interconnexion entre tous les êtres humains.

En appliquant cette vision holistique dans le monde, nous avons l'opportunité de créer un avenir plus équilibré, harmonieux et prospère.

La compréhension de l'interconnexion et de l'unité de toute existence nous conduit à agir de manière responsable et compassionnelle, considérant non seulement notre bien-être individuel, mais aussi le bien-être collectif et le soin de la planète.

Ainsi, en incorporant les principes de la vision holistique dans notre société et nos vies, nous ouvrons la voie à une transformation profonde et significative.

Puissions-nous continuer à explorer et à appliquer cette vision intégrée, cherchant à construire un monde plus conscient, durable et harmonieux.

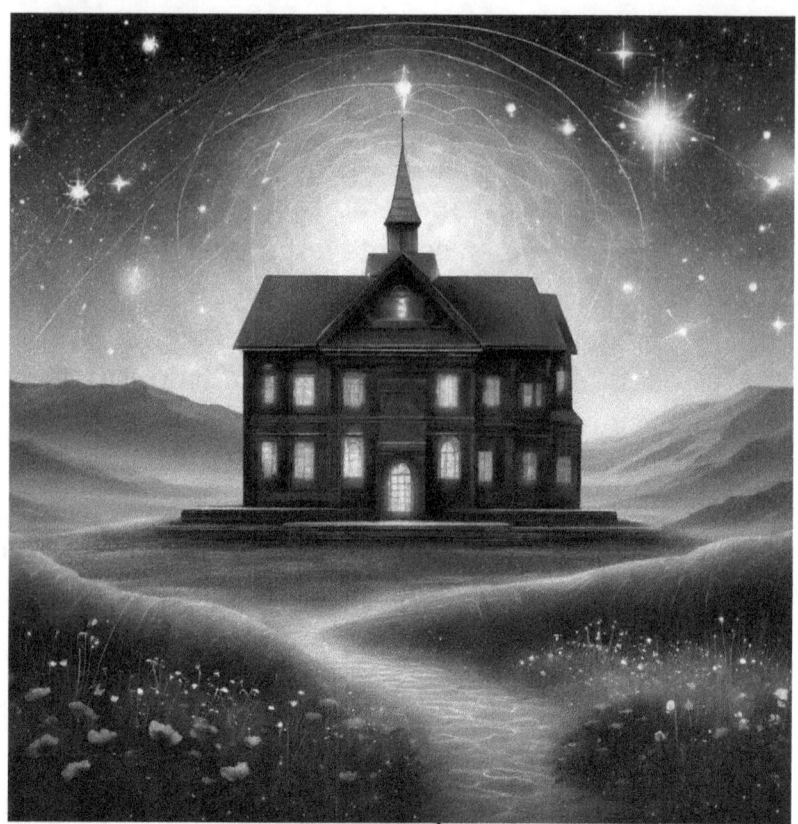

CHAPITRE 3 : LE VOYAGE INTÉRIEUR ET L'ÉVEIL SPIRITUEL

Dans ce chapitre, nous explorerons le voyage intérieur comme un chemin vers l'éveil spirituel, en nous basant sur les œuvres de Rupert Spira. Spira nous invite à plonger dans notre propre conscience et à explorer les couches les plus profondes de notre existence, cherchant une compréhension profonde de qui nous sommes au-delà de nos identifications superficielles.

Le voyage intérieur est une invitation à regarder en nous-mêmes, à remettre en question et à enquêter sur les croyances et conditionnements qui façonnent notre perception de la réalité. Spira nous rappelle que notre véritable nature va au-delà de l'esprit et de l'ego, et que l'éveil spirituel se produit lorsque nous reconnaissons et expérimentons cette essence plus profonde.

Une des pratiques essentielles dans ce voyage est la méditation, qui nous aide à apaiser l'esprit et à nous connecter au moment présent. En cultivant un état de conscience calme et réceptive, nous pouvons nous accorder à notre propre essence spirituelle. La méditation nous invite à laisser de côté les préoccupations quotidiennes et à plonger dans l'immensité de notre être intérieur.

En plus de la méditation, l'introspection est un outil puissant dans le voyage intérieur. En réfléchissant à nos pensées, émotions et expériences, nous pouvons obtenir une compréhension plus profonde de nous-mêmes. À travers l'auto-enquête et l'exploration, nous remettons en question nos croyances limitantes et découvrons les vérités les plus authentiques qui résident en nous.

Tout au long de ce voyage, nous pouvons trouver des moments d'éveil spirituel, où nous expérimentons une connexion directe avec notre essence divine. Ces moments peuvent être soudains et intenses ou peuvent se développer progressivement au fil du temps, nous offrant des aperçus de la réalité au-delà des apparences superficielles et révélant l'interconnexion et l'unité sous-jacentes de tout ce qui existe.

L'éveil spirituel nous conduit à transcender l'identification avec l'ego et à élargir notre conscience au-delà des limites d'un soi séparé. À mesure que nous nous ouvrons à cette expérience, nous sommes capables de vivre de manière plus authentique, compatissante et alignée avec la sagesse universelle. Le voyage intérieur et l'éveil spirituel nous invitent à vivre pleinement dans le présent, en embrassant la totalité de notre existence et en trouvant sens et but à chaque instant.

En nous embarquant dans ce voyage intérieur, nous créons de l'espace pour l'éveil spirituel. Ce voyage nous appelle à transcender les limitations de l'esprit et à reconnaître la vérité essentielle qui réside en nous. Qu'explorions ce voyage avec courage et curiosité, découvrant la sagesse et la paix qui existent au-delà des frontières du moi personnel.

Le livre de Rupert Spira, "La Nature de la Conscience : Enseignements Avancés sur la Méditation et la Liberté", nous invite à explorer la nature de la conscience de manière profonde et significative. Il nous guide à travers un voyage d'auto-enquête et de découverte, examinant la véritable signification de la conscience et son rôle dans notre expérience humaine.

Spira commence par défier notre compréhension de la "conscience". Il nous pousse à regarder au-delà des définitions conventionnelles et à considérer si la conscience n'est que la somme de nos pensées, émotions et perceptions sensorielles, ou s'il y a quelque chose de plus profond et de transcendant en son cœur. Tout au long de cette exploration, Spira souligne que la conscience n'est pas séparée de nous, mais qu'elle est en réalité l'essence même de qui nous sommes. Il nous invite à reconnaître que la conscience n'est pas limitée par le corps ou l'esprit ; elle est illimitée, intemporelle et interconnectée avec toute l'existence.

Dans son guide sur la méditation en tant que chemin vers la liberté spirituelle, Spira explore comment la méditation peut nous libérer des limitations de l'esprit conditionné et nous permettre de nous connecter à la dimension la plus profonde de la conscience. Il décrit diverses techniques de méditation, des pratiques de pleine conscience à la contemplation silencieuse, nous emmenant dans un voyage d'autodécouverte à travers ces pratiques.

Spira souligne l'importance de faire taire l'esprit et de cultiver une présence élevée dans le moment, nous permettant de transcender le flux incessant de pensées et d'accéder à la paix et à la clarté de la conscience pure. Il montre comment la méditation nous aide à nous désidentifier des schémas de pensée conditionnés, nous permettant d'expérimenter la liberté et la plénitude de la pure conscience.

À mesure que nous explorons plus en profondeur la nature de la conscience, Spira nous encourage à intégrer l'expérience de la méditation dans tous les aspects de notre vie quotidienne. Il insiste sur le fait que la conscience est la base de toutes nos expériences et que nous pouvons cultiver une conscience éveillée dans tous les domaines de notre existence.

En apportant la pleine conscience à nos interactions, relations et efforts créatifs, nous pouvons expérimenter un sens de liberté intérieure et une connexion plus profonde avec le flux de la vie. Spira nous rappelle que la véritable liberté se trouve lorsque nous nous alignons avec la sagesse de la conscience et permettons à celle-ci de guider nos choix et décisions.

Il nous invite également à cultiver la compassion et l'amour inconditionnel dans nos relations et interactions avec les autres.

En reconnaissant la même essence de la conscience dans tous les êtres, nous pouvons favoriser des connexions profondes et de l'empathie, transcendant les divisions et différences superficielles. Spira illustre que la conscience est l'essence de l'amour, et en vivant depuis cet état de conscience aimante, nous pouvons transformer nos vies et le monde qui nous entoure.

En essence, ce chapitre souligne l'importance du voyage intérieur et de l'éveil de la conscience comme moyens de vivre de manière plus authentique, connectée et alignée avec les vérités les plus profondes de l'existence.

En résumé, la troisième partie du livre nous invite à explorer la nature de la conscience dans notre vie quotidienne, intégrant la pratique de la méditation dans tous les aspects de notre existence. Spira nous encourage à vivre authentiquement, exprimant notre vérité intérieure et expérimentant une connexion profonde avec la conscience à chaque instant.

En portant attention à nos actions, relations et décisions, nous pouvons vivre une vie pleine de sens, d'amour et de but. Ce voyage d'exploration de la conscience et son application dans notre vie quotidienne est une invitation à continuer d'approfondir notre compréhension et notre pratique.

Dans le prochain chapitre, nous explorerons l'expansion de la conscience au-delà des limites du moi individuel, abordant le thème "La Connexion avec la Conscience Universelle". Dans cette exploration, nous découvrirons comment se connecter à la conscience universelle transcende l'illusion de séparation et nous permet d'expérimenter l'interconnexion de toutes choses.

À mesure que nous poursuivons notre voyage d'éveil spirituel, il est essentiel de se rappeler que la conscience est un champ vaste et illimité qui attend d'être exploré. En avançant vers le prochain chapitre, je vous invite à ouvrir votre cœur et votre esprit à une compréhension plus profonde de la connexion avec la conscience universelle et des possibilités qu'elle apporte pour notre évolution personnelle et collective.

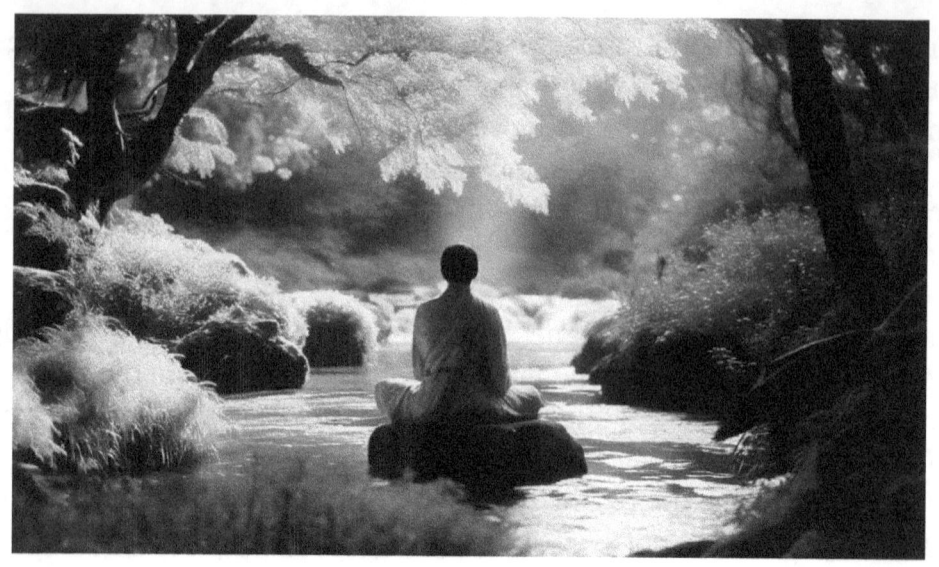

CHAPITRE 4 : LA CONNEXION ENTRE SPIRITUALITÉ ET SCIENCE DANS LES ŒUVRES D'ALLAN WATTS

Dans ce quatrième chapitre, nous approfondirons les œuvres d'Allan Watts et explorerons la fascinante interconnexion entre spiritualité et science dans la quête d'une vision plus intégrée du monde. Watts nous invite à transcender l'apparente dichotomie entre ces deux domaines, révélant les ponts et les intersections qui existent entre eux.

Allan Watts soutient que la spiritualité et la science sont des perspectives complémentaires qui peuvent enrichir notre compréhension de la réalité. Il nous encourage à surmonter la vision dualiste qui place ces domaines comme des opposés irréconciliables, nous incitant à adopter une perspective holistique qui englobe à la fois l'expérience subjective de la spiritualité et l'objectivité de la science.

En examinant les œuvres de Watts, nous reconnaissons son accent sur l'importance de reconnaître l'interdépendance de toutes les choses et la nature interconnectée de l'univers. Il nous invite à remettre en question les divisions artificielles entre esprit et matière, sujet et objet, nous guidant à contempler la profonde interaction entre notre conscience et le monde qui nous entoure.

De plus, Allan Watts explore le rôle crucial de l'expérience directe et de l'intuition tant dans les quêtes spirituelles que scientifiques.

Il nous encourage à transcender les limites intellectuelles et à développer une sensibilité plus large qui puisse englober la complexité et la totalité de l'existence. En le faisant, nous sommes habilités à trouver une connexion plus profonde avec le monde et à expérimenter une réalité qui dépasse les limitations de la pensée conceptuelle.

Alors que nous explorons la relation entre spiritualité et science à travers le prisme des œuvres d'Allan Watts, nous sommes invités à contempler une vision plus intégrée et holistique du monde. Dans ce chapitre, nous examinerons les domaines où ces deux perspectives se croisent et comment nous pouvons utiliser cette convergence pour étendre notre compréhension de l'existence.

En surmontant les barrières artificielles entre spiritualité et science, nous ouvrons de nouveaux chemins pour l'exploration, la découverte et la transformation personnelle. Nous poursuivrons notre voyage en explorant les idées et perceptions présentées par Allan Watts, dans le but d'embrasser une perspective qui intègre la profondeur spirituelle avec l'objectivité scientifique, nous rapprochant ainsi d'une compréhension plus complète et harmonieuse du monde et de nous-mêmes.

Une des œuvres notables d'Allan Watts qui mérite d'être soulignée dans ce chapitre est "Le Livre sur le Tabou". Dans cette œuvre, Watts propose une exploration approfondie de la connexion entre spiritualité et science, défiant les visions conventionnelles et offrant une approche transformante et intégrative.

Dans "Le Livre sur le Tabou", Watts s'immerge profondément dans des questions sur la nature de la réalité, la conscience humaine, la relation entre le soi et l'univers, et l'interdépendance de toutes les choses. Il examine la science moderne, en particulier la physique quantique, à la recherche de réponses aux mystères de l'existence, enquêtant sur la manière dont ces découvertes scientifiques peuvent s'aligner avec la spiritualité.

Watts souligne l'importance d'adopter une vision holistique et interconnectée du monde, dans laquelle la spiritualité et la science ne sont pas considérées comme opposées, mais comme des perspectives complémentaires qui enrichissent notre compréhension de la réalité. Il nous appelle à transcender les limites conceptuelles et à plonger dans l'expérience directe, explorant la nature de la conscience et sa relation intrinsèque avec l'univers.

En mentionnant "Le Livre sur le Tabou" dans ce chapitre, nous aurons l'occasion d'explorer les idées et perceptions d'Allan Watts sur la connexion entre spiritualité et science de manière plus spécifique et approfondie. Cela contribuera à une analyse complète et enrichissante de ce thème captivant.

L'introduction de "Le Livre sur le Tabou", écrite par Allan Watts, nous présente une approche audacieuse et provocatrice destinée à transcender les conceptions traditionnelles de la spiritualité et de la science. Watts nous défie d'explorer une vision intégrée du monde, où la spiritualité et la science ne sont pas des polarités, mais des approches complémentaires capables d'enrichir notre compréhension de la réalité.

En établissant le cadre pour le voyage que nous entreprendrons tout au long du livre, Watts nous invite à remettre en question les tabous et les notions préconçues qui entourent la spiritualité et la science. Il nous encourage à embrasser une perspective plus expansive et inclusive qui dépasse les limitations de la pensée dualiste.

Watts explore l'idée que la spiritualité et la science partagent une quête de vérité et de compréhension de la nature de la réalité. Il défie les notions rigides de séparation entre ces domaines et nous invite à envisager la possibilité d'une approche plus holistique, où les découvertes scientifiques et les expériences spirituelles se complètent et s'éclairent mutuellement.

L'introduction nous présente également les thèmes principaux qui seront explorés tout au long du livre, tels que la nature de la conscience, l'interconnexion de tous les êtres et le défi de transcender les limitations de l'ego. Watts nous incite à nous embarquer dans un voyage d'autodécouverte et d'expansion de la conscience, explorant les limites de la connaissance humaine et embrassant les dimensions les plus profondes et mystérieuses de l'existence.

En nous engageant avec cette introduction, nous nous sentons motivés à réfléchir sur nos propres croyances et conceptions, en nous ouvrant à une vision plus large et inclusive du monde. Nous sommes prêts à explorer les idées et perceptions riches présentées par Allan Watts dans "Le Livre sur le Tabou" et prêts à remettre en question les tabous qui nous limitent, en embrassant une perspective plus intégrée et enrichissante sur la spiritualité et la science.

Dans le prochain chapitre, nous continuerons notre exploration des œuvres d'autres auteurs renommés qui ont également contribué à la connexion entre spiritualité et science, approfondissant encore notre compréhension de ce thème captivant et pertinent.

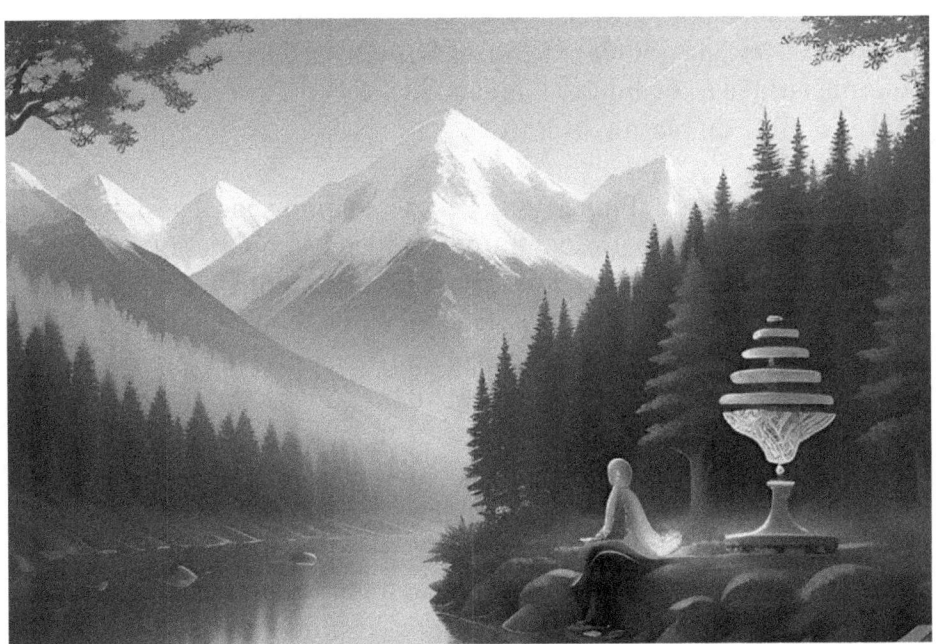

CHAPITRE 5 : L'ÉTHIQUE DE L'INTERCONNEXION ET LA RESPONSABILITÉ UNIVERSELLE CHEZ MARTIN HEIDEGGER

Dans ce cinquième chapitre, nous approfondirons les œuvres de Martin Heidegger, l'un des philosophes les plus influents du XXe siècle. Heidegger nous invite à réfléchir sur l'éthique et la responsabilité universelle, fondées sur la compréhension de l'interconnexion entre toutes les choses. Sa philosophie remet en question notre relation avec le monde et souligne notre responsabilité envers les autres êtres humains et la planète elle-même.

Heidegger explore la notion de "être-dans-le-monde" pour mettre en avant l'interdépendance essentielle entre les êtres humains et leur environnement.

Il soutient que nous ne pouvons pas nous dissocier du monde ; nous y sommes immergés, façonnés par lui et coexistons avec lui. Par conséquent, notre éthique ne doit pas se limiter aux intérêts humains, mais doit englober la totalité du cosmos et toutes les formes de vie qui l'habitent.

En examinant le travail de Heidegger, nous trouvons son accent sur l'importance de la conscience élargie et de la responsabilité dans nos actions. Il nous défie de remettre en question la vision anthropocentrique qui place les êtres humains au centre de tout et nous encourage à considérer l'impact de nos choix et comportements sur l'ensemble du réseau de la vie.

L'éthique basée sur la Philosophie Perène, inspirée par la vision de Heidegger, nous incite à adopter une approche compatissante et holistique envers les autres êtres humains et le monde naturel. Cela implique de reconnaître que nos actions ont des conséquences qui s'étendent au-delà de nous-mêmes et que nous sommes interconnectés avec tous les êtres vivants et la planète dans son ensemble.

La responsabilité universelle nous appelle à agir en harmonie avec les principes d'interconnexion, de durabilité et de respect pour la diversité. Cela signifie reconnaître que nos choix individuels ont un impact collectif et que nous devons rechercher le bien-être de tous les êtres, tant présents que futurs, dans nos décisions éthiques.

L'œuvre principale de Martin Heidegger liée au thème de ce chapitre est "Être et Temps" (Sein und Zeit). Dans ce livre, Heidegger examine la question fondamentale de "l'être" et de l'existence humaine, cherchant à comprendre comment nous nous rapportons au monde qui nous entoure et comment notre existence est enracinée dans la temporalité.

"Être et Temps" est considéré comme l'une des œuvres les plus importantes de la philosophie du XXe siècle et a eu un impact significatif sur la compréhension de l'éthique et de la responsabilité universelle. En examinant les concepts d'authenticité, d'inauthenticité, de soin et d'être-jeter-dans-le-monde, Heidegger nous invite à réfléchir sur notre rôle en tant qu'êtres humains et notre responsabilité envers le monde et les autres.

Dans l'introduction à "Être et Temps", Heidegger établit l'importance d'explorer le sens de l'être dans sa totalité. Il soutient qu'au cours de l'histoire de la philosophie, la question de l'être a été négligée et obscurcie, ce qui a conduit à une distance par rapport à la véritable signification de l'existence humaine.

Heidegger cherche à récupérer une compréhension authentique de l'être, caractérisée par la notion de temporalité. Affirmant que les êtres humains ne sont pas des objets isolés dans le monde, mais des êtres temporels, toujours engagés dans une relation dynamique avec le temps. De cette perspective, l'existence humaine n'est pas simplement une collection de moments statiques, mais un voyage continu de devenir et d'autodécouverte.

En explorant le travail de Heidegger, nous sommes invités à examiner comment nous nous rapportons au temps et comment cette relation affecte notre compréhension de nous-mêmes et du monde qui nous entoure. Il nous invite à nous plonger dans l'expérience du temps, explorant ses dimensions passées, présentes et futures pour découvrir le véritable sens de notre existence.

L'anxiété existentielle joue un rôle crucial dans la compréhension de la temporalité chez Heidegger. Elle surgit lorsque nous faisons face à la finitude et à l'incertitude de notre être, lorsque nous sommes confrontés à la possibilité de choix et de responsabilités devant l'inconnu. Cette anxiété nous rappelle que nous sommes des êtres jetés dans le monde, confrontés à l'inévitabilité de la mort et à la nécessité de prendre des décisions authentiques.

Dans la philosophie de Heidegger, la temporalité est fondamentale pour comprendre notre identité et notre perception de la réalité. En reconnaissant l'interconnexion entre passé, présent et futur, nous sommes invités à considérer les implications éthiques de nos actions non seulement en relation avec nous-mêmes, mais aussi en relation avec d'autres êtres humains, la nature et la planète.

La compréhension de la temporalité et de l'anxiété existentielle chez Heidegger a de profondes implications pour notre vision éthique et notre responsabilité envers les autres et le monde. Ces concepts nous rappellent la finitude de notre existence et l'importance d'agir avec conscience et authenticité dans les choix que nous faisons.

En reconnaissant l'interconnexion entre passé, présent et futur, nous

nous sentons inspirés à considérer les implications éthiques de nos actions non seulement pour nous-mêmes, mais aussi pour d'autres êtres humains, la nature et la planète. La conscience de la temporalité nous pousse à adopter une posture de responsabilité élargie, où nous considérons les conséquences de nos choix non seulement dans le présent, mais aussi pour les générations futures.

L'anxiété existentielle, à son tour, nous pousse à remettre en question les valeurs et normes établies, nous encourageant à développer une éthique plus authentique et individualisée. Elle nous rappelle l'importance d'agir avec compassion, empathie et soin envers les situations et les individus avec lesquels nous interagissons.

La Philosophie Perène, combinée aux idées de Heidegger, fournit une base solide pour une éthique compréhensive et universellement pertinente. En reconnaissant l'interconnexion de toutes les choses et l'existence d'une réalité sous-jacente, nous sommes invités à adopter une posture de respect et de responsabilité envers tout ce qui nous entoure.

La compréhension de la temporalité et de l'anxiété existentielle nous donne le pouvoir d'agir avec conscience, compassion et responsabilité, cherchant un équilibre harmonieux entre notre moi individuel et le bien-être de toute l'humanité et de la planète.

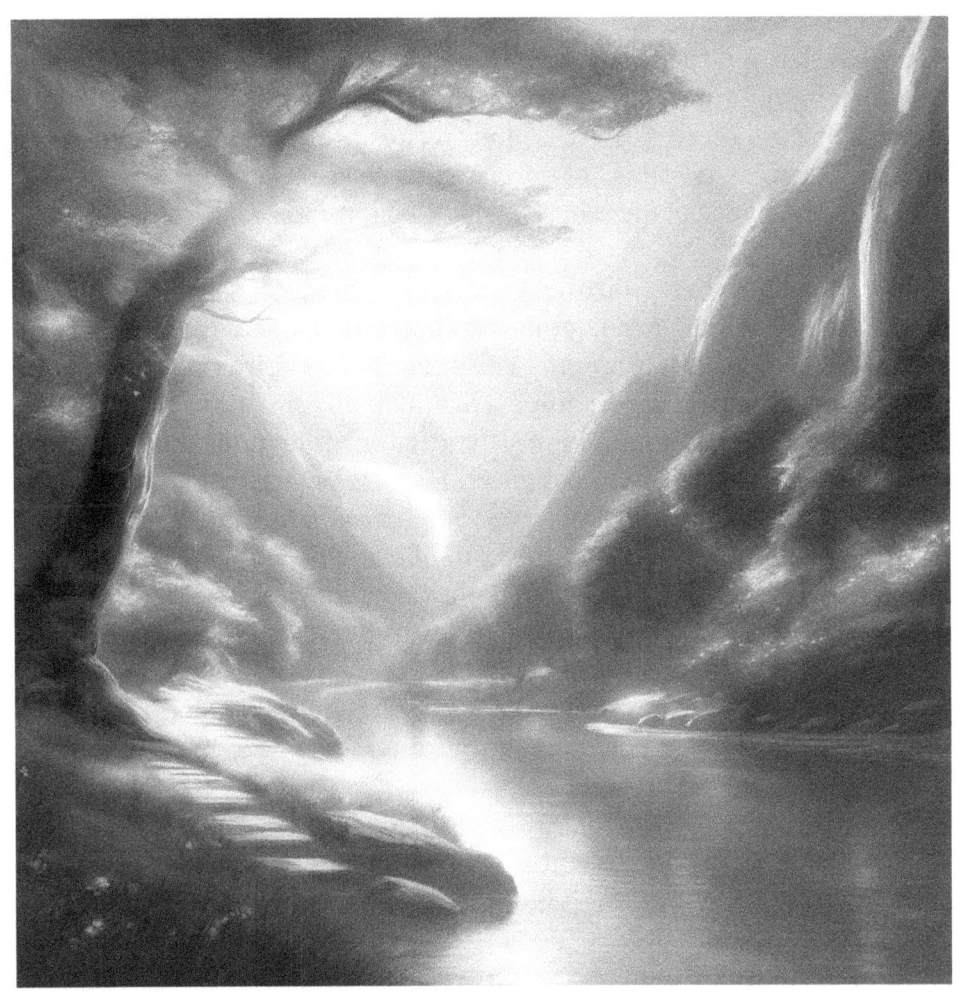

CHAPITRE 6 : AUTOREALISATION ET AUTOTRANSENDANCE – LE VOYAGE SPIRITUEL

Dans ce sixième chapitre, nous entreprenons un voyage en explorant le chemin de l'autorealisation et de l'autotranscendance. Ce chapitre sera enrichi par les perspectives de deux auteurs éminents, Alan Watts et Deepak Chopra. À travers leurs œuvres, nous serons invités à approfondir le développement personnel et spirituel, cherchant à comprendre la force cosmique divine universelle qui imprègne notre être.

Partie 1 : Le Développement Personnel comme un Voyage d'Autorealisation

Dans cette première partie, nous approfondirons le concept d'autorealisation, explorant comment le développement personnel sert de chemin vers une plus grande autoconscience et une conscience élargie. Alan Watts nous encouragera à remettre en question nos croyances limitantes et à embrasser une vision plus large de nous-mêmes et du monde. Nous discuterons des pratiques et des principes qui nous guident dans ce processus, tels que l'autoacceptation, l'autoconnaissance et la recherche de l'authenticité.

Partie 2 : Le Voyage Spirituel vers l'Unité Divine
Dans la deuxième partie, nous explorerons les œuvres de Deepak Chopra, qui nous guidera dans l'examen de la spiritualité comme un moyen de comprendre la force cosmique divine universelle. Nous enquêterons sur la manière dont le voyage spirituel nous mène au-delà des frontières de la pensée conditionnée vers un espace de conscience élargie. Dans cet espace, nous trouvons notre connexion avec quelque chose de plus grand : la force cosmique divine qui imprègne toute existence. Cette quête nous mène à la véritable essence de notre être, au-delà des identités transitoires et des masques protecteurs. Deepak Chopra nous rappelle que le voyage spirituel est une expérience vécue, pas seulement une connaissance intellectuelle. Il souligne que "la spiritualité n'est pas théorie ; c'est pratique. C'est vivre chaque moment avec amour, grâce et gratitude."

Partie 3 : La Synergie entre le Développement Personnel et la Spiritualité
Dans la troisième partie, nous explorerons la synergie entre le développement personnel et la spiritualité, reconnaissant que les deux sont vitaux dans notre voyage d'autorealisation et d'autotranscendance. Nous discuterons de la manière de cultiver une mentalité positive, de pratiquer l'autocompassion et de maintenir l'équilibre entre l'esprit, le corps et l'âme, afin de nous aider à intégrer ces dimensions dans notre vie quotidienne. À mesure que nous élargissons notre conscience et recherchons une connexion plus profonde avec la force divine universelle, nous découvrons une vie plus significative alignée avec nos valeurs les plus élevées.

"Notre véritable voyage dans la vie est intérieur. C'est une quête vers notre propre être, le noyau le plus profond de notre existence. L'autorealisation n'est pas seulement un objectif à atteindre, mais un processus continu d'auto-exploration et de transformation. En nous engageant dans ce voyage, nous sommes invités à remettre en question les croyances et les schémas qui nous limitent. Nous devons nous libérer des attentes sociales et des circonstances extérieures, nous ouvrant à une perspective plus large de nous-mêmes et du monde qui nous entoure.

Le développement personnel nous invite à nous connaître plus profondément, à explorer nos dons, talents et passions, et à découvrir le but de notre existence. C'est un voyage d'autoacceptation, où nous embrassons toutes les parties de nous-mêmes : les ombres et la lumière, reconnaissant que chaque aspect contribue à notre totalité.

À mesure que nous avançons dans ce voyage, nous élargissons notre conscience et découvrons que nous sommes bien plus que les identités superficielles que nous assumons. Nous reconnaissons notre connexion avec quelque chose de plus grand, avec le tissu interconnecté de l'existence. Nous réalisons que nous faisons partie d'un tout cosmique et que nos actions et choix impactent non seulement nous-mêmes, mais aussi le monde qui nous entoure. Le développement personnel nous appelle à devenir la meilleure version de nous-mêmes, non pas dans la quête de la perfection, mais dans l'authenticité. C'est une invitation à vivre selon nos valeurs les plus profondes, à exprimer notre vérité intérieure et à contribuer de manière significative au bien-être collectif.

À travers les idées d'Alan Watts, nous nous souvenons que le voyage de l'autorealisation est une aventure : une danse entre l'être et le devenir. C'est une invitation à nous ouvrir au mystère de la vie, en embrassant l'incertitude et l'impermanence. C'est un voyage continu de découverte, où chaque pas nous mène à une compréhension plus profonde de nous-mêmes et du monde qui nous entoure.

Dans la section suivante, nous explorerons la connexion entre le développement personnel et la spiritualité, ouvrant la voie à une compréhension plus holistique de notre voyage vers l'autorealisation.

Dans la quête de l'unité divine, nous sommes invités à transcender les limitations de l'ego, l'identification avec la forme physique et l'illusion de séparation. C'est un appel à éveiller à la vérité essentielle de notre nature, à reconnaître que nous sommes des êtres spirituels vivant une expérience humaine.

Le voyage spirituel nous mène à un espace de conscience élargie, au-delà de la pensée conditionnée. C'est dans cet espace que nous nous connectons à quelque chose de plus grand : la force cosmique divine qui imprègne tout ce qui existe. Nous cherchons la véritable essence de notre être, laissant derrière nous des identités éphémères et des masques protecteurs. Deepak Chopra nous rappelle que le voyage spirituel est plus qu'une connaissance intellectuelle ; c'est l'expérience de la présence divine dans nos vies quotidiennes. Il affirme : "La spiritualité n'est pas théorie. C'est pratique. C'est vivre chaque moment avec amour, grâce et gratitude."

Dans ce voyage, nous explorons des pratiques telles que la méditation, la contemplation et la connexion avec la nature qui élargissent nos cœurs et notre conscience. À mesure que nous approfondissons notre exploration, nous expérimentons l'unité sous-jacente de toutes les formes de vie et reconnaissons la divinité en chaque être. Le voyage spirituel est un chemin d'éveil et de transformation, nous dépouillant des illusions de séparation et embrassant l'interconnexion de toutes choses. C'est une invitation à vivre en harmonie avec l'univers, alignant nos actions avec les principes universels d'amour, de compassion, de vérité et de bonté.

En absorbant la sagesse de Deepak Chopra, nous explorons le voyage spirituel comme un chemin vers l'autorealisation et la découverte de l'unité divine en nous et autour de nous. Nous cherchons l'essence de l'existence, trouvant sens, but et une connexion profonde avec le cosmos.

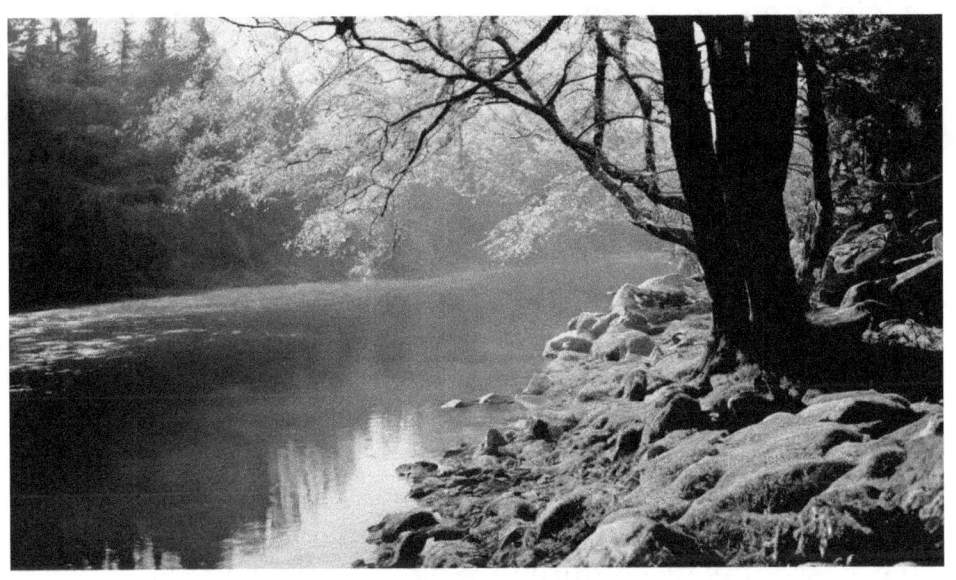

CHAPITRE 7 : LA TRANSFORMATION DE L'ÊTRE

À mesure que nous poursuivons notre voyage d'exploration intérieure, nous entrons maintenant dans le territoire enrichissant du Chapitre 7, intitulé "La Transformation de l'Être".

À cette étape, nous approfondirons les processus internes qui nous mènent à un changement profond et significatif dans notre manière d'être et d'expérimenter le monde qui nous entoure.

Pour cela, nous nous tournerons vers les précieuses contributions du renommé philosophe et penseur spirituel Jiddu Krishnamurti, dont les œuvres nous guideront dans cette exploration de la transformation intérieure.

Ce chapitre nous invite à plonger au cœur de nos perceptions, croyances et schémas de pensée, afin de comprendre comment réaliser une authentique métamorphose dans notre propre essence. À travers le prisme de Krishnamurti, nous serons guidés à remettre en question le statu quo, à défier notre conditionnement et à embrasser un voyage d'auto-découverte et d'auto-transformation.

En nous immergeant profondément dans cette

exploration, nous apprendrons à regarder au-delà des frontières culturelles, religieuses et traditionnelles pour découvrir par nous-mêmes le véritable sens de notre existence.

Tout au long de ce chapitre, nous dévoilerons la perspective intrigante de Krishnamurti sur le processus de transformation, réfléchissant au courage nécessaire pour affronter nos peurs intérieures et confronter les barrières qui restreignent notre croissance.

Ainsi, ce chapitre servira de boussole pour nous guider à travers le terrain difficile, mais hautement gratifiant, de la transformation intérieure.

Le Voyage Continu de la Transformation

Il est essentiel de comprendre dès le départ que la transformation n'est pas une destination finale, mais un processus continu et dynamique. Krishnamurti nous défie à remettre en question nos croyances ancrées, notre conditionnement et nos schémas de pensée.

Il nous invite à explorer la nature de l'esprit et à nous libérer des chaînes du passé. Cela nécessite que nous regardions au-delà des barrières imposées par la culture, la religion et la tradition, afin de découvrir, par nous-mêmes, le véritable sens de l'existence.

Affronter les Défis Internes et les Résistances

En nous embarquant dans ce voyage de transformation, nous rencontrons des défis internes et des résistances.

Le changement exige du courage et la volonté de confronter nos peurs, ainsi que de faire face à la réalité inconfortable des schémas limitants.

Ici, Krishnamurti nous rappelle l'importance vitale de la compréhension de soi et de l'auto-réflexion comme outils puissants pour ce voyage.

À travers l'observation attentive et l'auto-enquête, nous mettons en lumière des parties cachées de nous-mêmes et nous nous en libérons.

Récompenses de la Transformation Personnelle

Cependant, malgré les difficultés, le voyage de la transformation personnelle nous offre des récompenses profondes.

À mesure que nous surmontons nos limitations et conditionnements, nous créons de l'espace pour une expansion de la conscience.

La clarté, la compréhension et la connexion avec notre véritable essence fleurissent.

La transformation nous permet de vivre avec authenticité, intégrité et harmonie, alignés avec nos valeurs les plus élevées et notre but.

Invitation à l'Authenticité et à la Présence

Krishnamurti nous incite à aller au-delà des systèmes de croyances et des dogmes, cherchant directement la véritable nature de l'être. Il nous encourage à rester présents, à lâcher la quête de sécurité et de certitudes externes, et à trouver la vérité en nous-mêmes. Embrasser le voyage de la transformation personnelle nous permet de vivre une vie caractérisée par une profonde liberté, amour et plénitude.

Explorons "Le Livre de la Vie" de Krishnamurti

Une des œuvres principales de Jiddu Krishnamurti que nous explorerons dans ce chapitre est "Le Livre de la Vie". Dans cette œuvre, Krishnamurti partage des réflexions et des enseignements sur divers sujets liés à la transformation intérieure et à l'expansion de la conscience.

Il aborde des thèmes fondamentaux tels que la quête de la vérité, la nature de l'esprit, le rôle de l'éducation, l'importance de la liberté et l'éveil de l'intelligence créative.

Invitation à l'Exploration Interne

"Le Livre de la Vie" regroupe les conférences et dialogues de Krishnamurti, englobant différentes périodes de sa vie, et offre une vision profonde et provocante du processus de transformation intérieure.

À travers ses mots, nous sommes invités à remettre en question les croyances ancrées, à nous libérer du conditionnement et à chercher la vérité par nous-mêmes.

Observation et Auto-enquête

Krishnamurti nous invite à observer de près nos pensées, émotions et comportements pour comprendre nous-mêmes et le monde qui nous entoure.

Il met l'accent sur l'authenticité et la responsabilité personnelle dans la quête de la transformation. Son approche défie les structures d'autorité, favorisant l'autonomie et l'auto-réflexion en tant qu'éléments cruciaux dans le voyage d'auto-découverte.

Vivre dans le Présent et au-delà des Limites de la Pensée

Alors que nous explorons les idées dans "Le Livre de la Vie", nous sommes encouragés à élargir notre vision et à transcender les limites de la pensée conditionnée. Krishnamurti nous appelle à nous ouvrir à l'expérience directe et à vivre pleinement dans le présent, plutôt que de nous accrocher à des concepts et des idées fixes.

Message de "Le Livre de la Vie"

À travers "Le Livre de la Vie", Krishnamurti nous invite à explorer notre propre voyage d'auto-enquête et d'auto-transformation.

Il nous rappelle que la vérité ne peut être transmise ou enseignée, mais doit être découverte individuellement, à travers l'investigation et l'expansion de la conscience.

À la Recherche de la Vérité et de la Transformation Interne

En essence, le message central de "Le Livre de la Vie" est que la vérité et la transformation intérieure sont à notre portée, tant que nous sommes prêts à remettre en question, explorer et nous ouvrir à une nouvelle compréhension de la vie et de nous-mêmes.

C'est une invitation à une vie d'authenticité, de liberté et de responsabilité, en quête de la vérité qui transcende les limitations et nous relie à l'essence la plus profonde de l'existence.

Un Voyage de Transformation Interne
Éveiller à la Vérité de l'Être

En concluant ce chapitre, nous sommes invités à contempler la profondeur de la transformation intérieure et le voyage qui nous conduit à une compréhension plus profonde de nous-mêmes et du monde qui nous entoure.

Nous nous immergeons dans les réflexions de Jiddu Krishnamurti, un maître qui nous défie à remettre en question nos croyances profondément enracinées et à explorer la nature de l'esprit.

Krishnamurti nous rappelle que la transformation n'est pas une destination finale, mais un processus constant.

Il nous guide à travers la compréhension de soi et l'auto-réflexion, nous incitant à regarder au-delà des frontières de la culture, de la religion et de la tradition.

En embrassant ce voyage, nous faisons face à des défis internes et des résistances, mais nous récoltons également des récompenses profondes, y compris la clarté, l'authenticité et une connexion plus profonde avec notre essence.

Alors que nous explorons les enseignements de Krishnamurti, nous sommes appelés à regarder au-delà des structures de croyances et à expérimenter directement la véritable nature de l'être.

Il nous encourage à être présents dans le moment, à abandonner la quête de sécurité externe et à trouver la vérité en nous-mêmes. Son approche nous invite à vivre avec authenticité, amour et liberté.

À mesure que nous intégrons ces enseignements dans notre voyage, nous ouvrons des portes à un éveil plus profond.

La transformation intérieure nous permet de transcender les chaînes du passé et de vivre en accord avec nos valeurs les plus authentiques. Ainsi, nous avançons dans la quête de la vérité et du sens de notre existence.

Puissions-nous continuer à explorer le voyage de la transformation intérieure avec courage et dévouement.

En appliquant les leçons de Krishnamurti dans nos vies quotidiennes, nous créons de l'espace pour une vie d'authenticité, de sagesse et d'amour.

Ce voyage nous mène à un territoire de découverte et de croissance intérieure, guidés par l'appel à éveiller à la vérité de l'être.

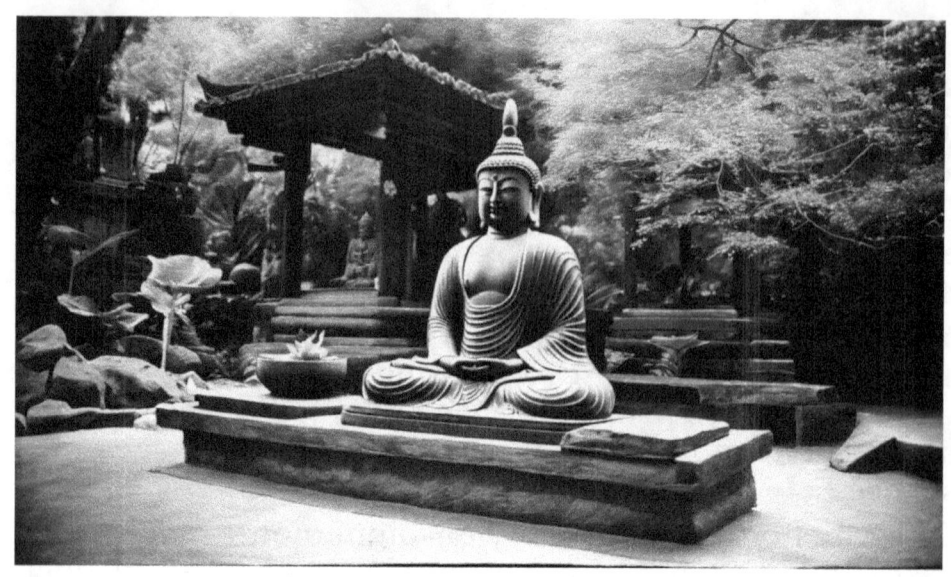

CHAPITRE 8 : EXPLORER LES TRADITIONS SPIRITUELLES ET LES ENSEIGNEMENTS DES MAÎTRES

Dans ce huitième chapitre, nous nous embarquerons dans un voyage profond et enrichissant à travers les traditions spirituelles qui imprègnent les cultures et les époques à travers le monde.

À mesure que nous explorons ces traditions, nous serons guidés par un objectif : enquêter sur leurs perspectives et enseignements concernant la nature de l'existence et de la conscience.

En même temps, nous approfondirons les leçons laissées par des maîtres spirituels, des figures éclairées dont les mots résonnent à travers le temps, offrant des orientations pour notre propre voyage spirituel.

Partie 1 : Trésors des Traditions Spirituelles

Nous commencerons notre voyage en nous plongeant dans la richesse des traditions spirituelles qui ont coloré l'histoire humaine.

Du bouddhisme à l'hindouisme, du taoïsme au soufisme et au chamanisme, chaque tradition a sa propre tapisserie de sagesse.

En explorant leurs pratiques méditatives, rituels, enseignements et symboles, nous serons challengés à comprendre comment ces traditions, malgré leurs différences superficielles, convergent vers une compréhension plus profonde de la Philosophie Perène.

Partie 2 : Enseignements Éternels des Maîtres Spirituels

Dans la deuxième partie de ce chapitre, nous dirigerons notre attention vers les maîtres spirituels dont les mots ont transcendé les siècles et les frontières, se perpétuant comme des phares de lumière spirituelle.

De Bouddha à Jésus, de Laozi à Rumi, en passant par Ramana Maharshi et d'autres, ces figures transcendantes nous ont laissé un héritage d'enseignements qui demeurent aussi pertinents aujourd'hui qu'au passé lointain.

Voyage d'Exploration et de Transformation

En entrant dans les enseignements des maîtres et des traditions spirituelles, nous suivrons un chemin qui nous mènera à travers l'immensité de l'expérience humaine.

Notre exploration sera guidée par le désir non seulement de comprendre, mais aussi d'appliquer ces leçons dans notre propre voyage spirituel.

Ainsi, ce chapitre nous invite à nous plonger dans la sagesse ancienne et les voix intemporelles des maîtres, découvrant comment ces enseignements peuvent éclairer et transformer notre chemin intérieur.

Trouver une Connexion Universelle à Travers les Traditions Spirituelles et les Enseignements

À mesure que nous explorons les traditions spirituelles et les enseignements des maîtres, nous découvrons un fil invisible qui unit la diversité des perspectives et des expériences humaines dans la quête de la vérité ultime. Ce voyage transcende le temps et l'espace, révélant la quête humaine d'une compréhension plus profonde de l'existence et de la nature de la réalité.

Les traditions spirituelles offrent une mosaïque de chemins vers l'autorealisation et l'éveil spirituel.

Le bouddhisme nous invite à regarder en nous, à transcender l'ego et à trouver la paix intérieure à travers la méditation et la compassion.

L'hindouisme explore l'interconnexion de toutes choses, présentant le voyage du soi vers le soi suprême.

Le taoïsme nous inspire à flotter en harmonie avec la nature, tandis que le soufisme nous guide sur un chemin d'amour divin et d'extase spirituelle.

Le chamanisme, à son tour, nous connecte à la sagesse de la terre et de nos ancêtres, reconnaissant l'interdépendance entre les humains et le monde naturel.

Dans cet écosystème spirituel, les maîtres émergent comme des phares de lumière, offrant des orientations pratiques pour notre voyage.

La figure compatissante de Bouddha nous rappelle que la libération est à la portée de tous à travers la quête de la vérité et du détachement.

Jésus rayonne d'amour et de compassion inconditionnels, nous enseignant l'importance de l'empathie et du service altruiste. Laozi nous guide vers une compréhension sereine du Tao, tandis que Rumi nous enveloppe dans la danse spirituelle de l'amour divin.

Ramana Maharshi nous appelle à enquêter sur la nature du soi et à transcender les limitations de l'esprit.

Ces maîtres et traditions ne reflètent pas seulement la diversité culturelle de l'humanité, mais éclairent également notre connexion universelle.

Ils résonnent avec la même vérité fondamentale : la quête de l'illumination et la compréhension de l'unité sous-jacente de toutes choses. En explorant leurs mots et pratiques, nous trouvons l'inspiration pour notre propre quête intérieure et l'opportunité de grandir en tant qu'individus spirituels dans un monde divers et interconnecté.

À la fin, c'est ce voyage qui nous invite à transcender les barrières de l'esprit conditionné et à embrasser l'immensité du cosmos divin. Les traditions spirituelles et les enseignements des maîtres nous guident dans ce processus, nous rappelant que le voyage spirituel est à la fois une quête personnelle et une exploration collective de la vérité universelle.

Embrasser la Sagesse de l'Humanité : Un Voyage de Transformation Spirituelle

En atteignant la fin de ce chapitre, nous sommes invités à réfléchir sur la richesse des traditions spirituelles et des enseignements des maîtres qui imprègnent l'histoire humaine.

Nous explorons les profondeurs du bouddhisme, l'étendue de l'hindouisme, la simplicité du taoïsme, la passion du soufisme et la connexion de la spiritualité chamanique. Chaque tradition offre sa propre lentille unique pour examiner la nature de l'existence, fournissant des perspectives précieuses qui nous enrichissent en tant qu'êtres spirituels.

De plus, en étudiant les leçons des maîtres spirituels, nous sommes témoins d'un schéma d'amour, de compassion et de sagesse qui transcende les cultures et les époques. À travers les enseignements de Bouddha, Jésus, Laozi, Rumi, Ramana Maharshi et d'autres, nous sommes rappelés à la quête éternelle de la vérité et de l'éveil intérieur.

Chaque maître résonne avec le message selon lequel la spiritualité ne se limite pas à un savoir intellectuel, mais à l'expérience et à la vie de la sagesse dans nos vies quotidiennes. La diversité de ces traditions et maîtres nous invite à un voyage d'intégration, non de séparation.

En embrassant les leçons de différents chemins spirituels, nous élargissons notre compréhension de la Philosophie Perène, qui transcende les barrières de la religion et de la culture.

Cette sagesse nous relie à quelque chose de plus grand, une vérité universelle qui brille à travers les multiples expressions humaines de la recherche spirituelle.

En concluant ce chapitre, nous sommes invités à appliquer la sagesse des traditions et des maîtres dans nos propres vies.

Que nous trouvions l'inspiration en Bouddha pour rechercher la libération à travers le détachement, que nous suivions l'exemple de Jésus en diffusant amour et compassion, que nous flottions en harmonie avec la nature comme l'enseigne Laozi, que nous dansions dans la passion de l'amour divin comme le fait Rumi et que nous explorions notre véritable nature intérieure comme nous guide Ramana Maharshi.

À travers cette quête continue, nous intégrons la richesse des traditions et des maîtres dans notre propre voyage de transformation spirituelle.

À mesure que nous avançons, nous nous unissons au flux d'innombrables âmes cherchant lumière et vérité au milieu de la complexité de l'existence humaine. Que ce voyage nous conduise à la réalisation intérieure, à la compassion pour la vie de tous les êtres et à l'harmonie avec le cosmos qui nous entoure.

VIVRE LA SAGESSE PERÈNE

Nous avons atteint la fin de ce voyage à travers les principes de la Philosophie Perène, un voyage qui nous a invités à explorer les profondeurs de l'existence, à élargir notre conscience et à éveiller une compréhension plus profonde de nous-mêmes et du monde qui nous entoure.

Dans le dernier chapitre de ce livre, notre attention se concentre sur l'application pratique de ces principes dans nos vies quotidiennes.

Nous reconnaissons que la Philosophie Perène n'est pas seulement une théorie abstraite, mais un guide concret pour vivre une vie plus significative et pleine.

Nos pratiques quotidiennes deviennent les carreaux du chemin vers la transformation intérieure et la quête de la vérité.

Les pratiques suggérées—méditation, auto-enquête, gratitude, compassion, connexion avec la nature et soin de soi—offrent des moyens tangibles d'intégrer les enseignements de la Philosophie Perène dans nos vies. En nous engageant avec ces pratiques, nous ouvrons les portes à une vie plus consciente, équilibrée et connectée.

La Philosophie Perène nous rappelle que le voyage spirituel est continu, et chaque pas vers l'autorealisation nous rapproche de la compréhension de notre véritable essence.

En adoptant une perspective consciente d'unité cosmique et d'interconnexion, nous nous inspirons à transcender les limitations de l'esprit conditionné et à vivre avec authenticité et compassion.

Au cœur de ce voyage, nous trouvons la quête de la vérité—une quête qui nous mène à un éveil plus profond, à la transformation intérieure et à une connexion plus profonde avec le divin.

La Philosophie Perène nous invite à regarder au-delà des apparences superficielles et à plonger dans les profondeurs de notre propre conscience.

Ainsi, nous concluons ce livre par une invitation à continuer d'explorer, d'apprendre et de pratiquer les principes de la Philosophie Perène tout au long de nos vies.

Que nous nous souvenions que nous faisons partie de quelque chose de plus grand, que la recherche de la vérité est un voyage précieux et que l'application pratique de ces enseignements est un chemin vers une vie de signification, de but et d'amour.

Que la sagesse perène continue de nous guider, de nous inspirer et de nous transformer tandis que nous naviguons dans les eaux de l'existence, cherchant la vérité de l'être et contribuant à un monde plus éclairé et compatissant.

Que ce voyage soit rempli de découvertes, de croissance et de joie, et que chaque pas nous rapproche de l'essence divine qui réside en nous et dans toute la création.

Inspirés par les Paroles d'Alan Watts
En concluant cette exploration des profondeurs de la Philosophie Perène, nous trouvons un voyage de transformation qui nous mène à l'éveil intérieur, à la compréhension de l'interconnexion et à la quête incessante de la vérité. Pour clore ce voyage sur une note inspirante, nous trouvons du réconfort dans les mots d'Alan Watts, qui a partagé des idées profondes sur la nature de la vie et de la conscience.

Alan Watts nous a rappelé que "nous ne sommes pas seulement un être dans ce monde ; nous sommes le monde lui-même." Cette idée résonne profondément avec la Philosophie Perène, qui nous invite à transcender l'illusion de séparation et à reconnaître notre unité avec toute la création.

Chaque pas dans notre voyage nous rapproche de la compréhension que nos vies sont entrelacées avec le tissu cosmique de l'univers.

Ses mots nous amènent également à réfléchir sur l'importance de l'authenticité et de vivre pleinement. Watts nous a inspirés non seulement à chercher des réponses, mais aussi à embrasser le voyage d'auto-découverte et d'expansion de la conscience.

Il nous a encouragés à plonger dans l'expérience de la vie, à accepter l'incertitude et à danser au rythme de l'univers.
En concluant ce voyage, nous nous rappelons que la quête de la vérité et l'application pratique de la Philosophie Perène sont une invitation à vivre avec un sens plus profond, de la compassion et de l'amour.

Comme nous l'a enseigné Alan Watts, "Voici la véritable joie de la vie : être utilisé pour un but que vous reconnaissez comme puissant. Et être un avec le Tout, avoir un rôle dans le Tout, savoir que nous faisons une différence—c'est la source de la véritable joie."

Puissions-nous continuer notre voyage avec ces mots à l'esprit, explorant, grandissant et contribuant à la grande symphonie de l'existence.

En intégrant les principes de la Philosophie Perène dans nos vies, nous répondons à l'appel de comprendre, de transcender et de nous unir, trouvant la véritable joie de vivre avec un but plus grand.

Ainsi, avec les paroles inspirantes d'Alan Watts résonnant dans nos cœurs, nous concluons cette exploration de la Philosophie Perène, prêts à poursuivre notre voyage avec sagesse, compassion et gratitude.

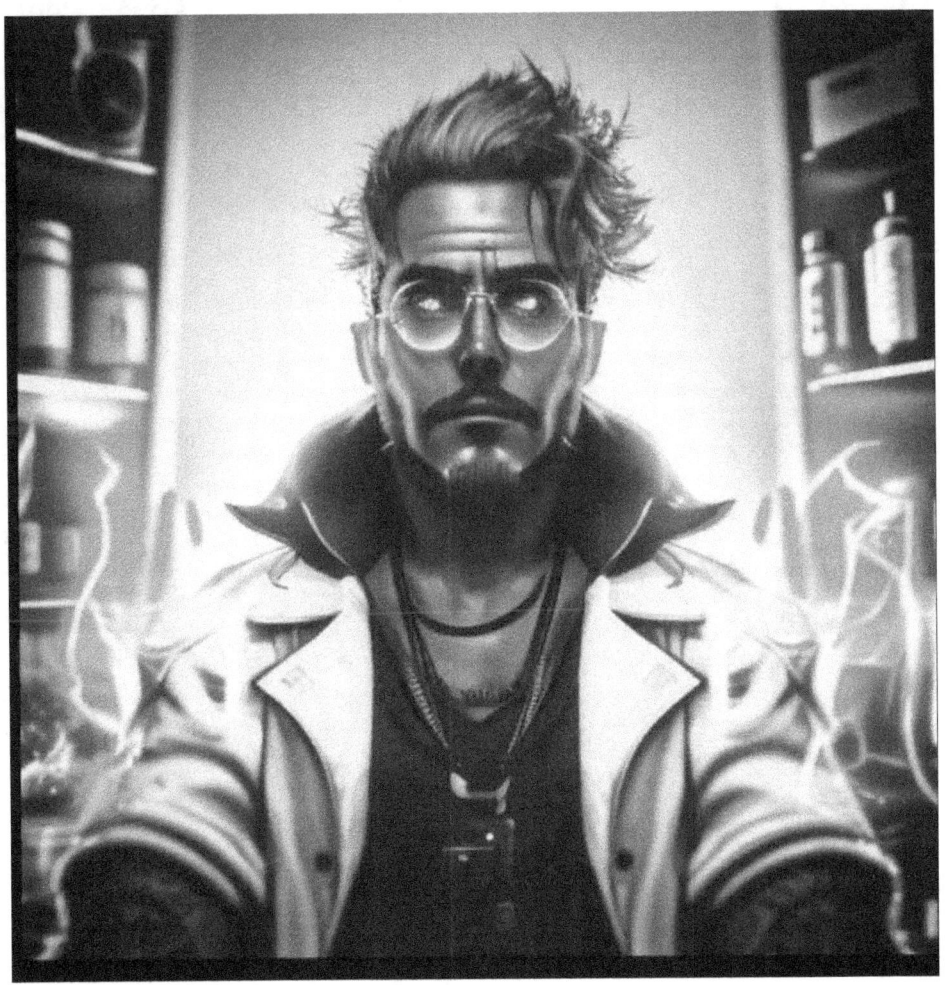

Visita nuestro Instagram y mira las novedades

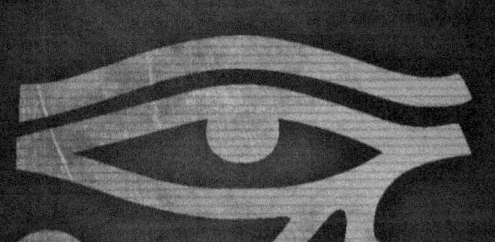

@O_ALQUIMISTA_DO_FUTURO

NÃO CONFUNDA O MENSAGEIRO
COM A MENSAGEM!
O MENSAGEIRO É PASSAGEIRO A
MENSAGEM É ETERNA!

www.ingramcontent.com/pod-product-compliance
Lightning Source LLC
Chambersburg PA
CBHW070136230526
45472CB00004B/1558